LES
LÉGIONS
NAPOLÉONIENNES

ÉPITRE

A S. A. I. NAPOLÉON IV

Par F. DERECQ

16 MARS 1874

A PARIS, CHEZ TOUS LES LIBRAIRES
ET CHEZ L'AUTEUR, 11, AVENUE TRUDAINE

1874

LES
LÉGIONS NAPOLÉONIENNES

PARIS, IMPRIMERIE A. DUTEMPLE, 7, RUE DES CANETTES.

LES
LÉGIONS
NAPOLÉONIENNES

ÉPITRE

A S. M. I. NAPOLÉON IV

Par F. DERECQ

16 MARS 1874

A PARIS, CHEZ TOUS LES LIBRAIRES
ET CHEZ L'AUTEUR, 11, AVENUE TRUDAINE

1874

LES
LÉGIONS NAPOLÉONIENNES

ÉPITRE ADRESSÉE
A S. A. I. NAPOLÉON IV

16 Mars 1874

Monseigneur,

Voici que Votre Altesse entre dans sa dix-neuvième année.

L'homme, à cet âge, dans toutes les conditions de la vie, réfléchit et examine avec attention l'avenir qui lui est réservé.

Pour les uns, l'apprentissage cesse et ils deviennent ouvriers; ils vont désormais assister leur famille et gagner les éléments qui devront leur permettre l'épargne, la réserve des vieux jours.

Pour les autres, ils vont conquérir ces diplômes qui les rangeront parmi les hommes de science et d'art; ils vont désormais marcher dans les phalanges des travailleurs utiles au pays, à l'humanité, si toutefois le génie du mal ne les fait pas dévier d'une saine route et ne leur fait pas employer leurs capacités, leurs talents, leurs mérites à tromper et égarer ceux qui les approcheraient.

Pour d'autres enfin, c'est l'âge où certains d'entre nous, devançant la volonté de la loi, se font soldats et se consacrent à la défense et à la protection de leur pays.

Si pour tous cet âge est celui de l'émancipation, il doit également en ce jour faire prononcer celle de Votre Altesse; et, loin de nous, dans l'exil, près de votre sainte Mère, fier du passé de votre Père, vous vous trouverez peut-être bien seul et bien faible pour soutenir dignement le glorieux nom que vous portez ; vous sentez la valeur du sang qui fait battre votre cœur, et, dans ce vide que l'on trouve sur la terre étrangère, malgré les témoignages de sincère intérêt que vous recevez des Souverains et ceux de fidélité que vous manifestent les vrais Français, cet isolement vous fait douter de la possibilité d'accomplir de grandes choses, et vous demandez à Dieu comment vous pourrez devenir un jour un grand chrétien, un grand citoyen, un grand homme !...

Vous n'êtes, Monseigneur, que séparé momentanément de toutes les grandes forces qui vous permettront d'accomplir ces grandes actions !...

Comme ce célèbre général romain, vous avez vos légions toutes formées.

J'ai l'âge de Votre Altesse, j'entre également dans ma dix-huitième année, et j'ai cherché devant moi, pour être utile à mon pays, suivant les facultés et les forces qui m'ont été dévolues par la Providence, quelle route je devais suivre, quel était le drapeau que je devais servir, et quel était le nombre de ceux qui marcheraient avec moi !

Chaque homme adopte des opinions politiques, par intérêt, ambition, besoin de flatter les pouvoirs existants, ou par reconnaissance !

Le drapeau que je veux porter haut et ferme est aux trois couleurs nationales, surmonté de l'aigle impériale, parce qu'il a toujours eu pour devise : Dieu, Patrie, Honneur, Justice et Travail.

Nous sommes trois frères élevés dans les mêmes principes.

Notre famille a su, dès notre bas âge, nous inculquer les sentiments de respect et de fidélité dus à l'Empereur, notre souverain légitimement acclamé et reconnu par toute la France.

Nous sommes prêts à vouer à Votre Altesse notre vie tout entière, et nous choisissons ce jour de votre émancipation pour vous faire connaître cet engagement solennel.

Notre grand-père fut admis à l'École de Châlons, grâce à une bourse accordée par la main de l'Empereur Ier.

Si aujourd'hui je puis tenir une plume au lieu d'un rabot, d'un outil d'ouvrier, je le dois au résultat de cette éducation première ; et le sentiment de reconnaissance pour ce bienfait, dû à votre noble famille, s'est transmis d'enfant en enfant jusqu'à nous, et nous ne l'oublierons pas.

Combien d'autres doivent aujourd'hui, comme nous, à Napoléon III ou à Napoléon Ier leur instruction, leur situation, leur fortune, leur prospérité, leur épée, l'étoile de l'honneur qui brille sur leur poitrine, leur titre de noblesse même, et viendront se grouper, le moment venu, au premier appel au peuple, autour de ce drapeau de la 1re légion, sur lequel est écrit : Reconnaissance.

Qu'il me soit permis de montrer à Votre Altesse les autres légions qui marcheront avec celle-ci, et qui dès aujourd'hui s'organisent, se groupent et se mettront en marche pour acclamer Napoléon IV, dont le cœur n'a qu'un seul cri : VIVE LA FRANCE ! qu'une devise : TOUT POUR LE PEUPLE, TOUT PAR LE PEUPLE !

Au 16 mars, combien de jeunes hommes se diront qu'eux aussi sont devenus des émancipés ! Combien d'entre eux, au moment où ils songeront à leur avenir, sentiront comme un pli au fond du cœur, comme un sanglot à la gorge, en se souvenant que la protection de leur Parrain leur a été enlevée par les émeutiers du 4 septembre ; Parrain qu'ils devaient non-seulement à Dieu, mais à la volonté consultée de la France. Ce Parrain, en s'initiant à leur vie, avait déposé dans leur berceau l'obligation d'être honnête homme, travailleur, chrétien.

Ils ont grandi avec l'espérance que la puissance de leur Parrain protégerait leur avenir, et tout à coup tout s'est écroulé autour d'eux.

Il savaient que si Dieu leur enlevait leur père, leur mère, un grand de la terre, l'élu d'une nation, du peuple, *Vox Dei*, avait pris l'engagement sacré de devenir leur Providence, et aujourd'hui eux et les leurs crient : Vive Napoléon IV ! et ils ont écrit sur le drapeau de la 2ᵉ légion : Regrets.

Les orphelins de Paris qui ont trouvé asile dans cette maison fondée par l'Impératrice, qui a préféré l'auréole de la bonté au sceptre de diamant qu'on lui offrait, ont aussi conservé le souvenir ! Ils savent de combien de soins a été entourée leur jeunesse ; ils savent, qu'orphelins, ils ont trouvé dans le cœur de Sa Majesté toutes les tendresses de la mère qu'ils avaient perdue. Ils savent que chaque perle, chaque diamant qui pouvaient briller sur le front de votre Mère et rehausser sa beauté, s'étaient fondus et transformés en pain, en chaleur, en asile, en instruction dont chacun d'eux a eu sa part, et en bénissant le nom de leur Bienfaitrice, ils crient : Vive Napoléon IV ! et ils ont écrit sur la phalange de la 3ᵉ légion la vertu la plus reconnue de votre sainte Mère : CHARITÉ.

Les malades et les convalescents qui ont été visités par Elle, qui ont été consolés par Elle à ces époques d'épidémies où Dieu semble fatigué de répandre ses bienfaits, sur la terre, à l'humanité ingrate et impie, laissant à la mort qui fauche impitoyablement le soin de nous rappeler qu'il existe...

Ceux qui ont vu ces hôpitaux hors ligne, ces maisons de convalescence, de retraite ordonnés par Lui sentent, aujourd'hui qu'Il n'est plus, tout ce qu'ils ont perdu quand l'âme de l'Empereur a quitté cette terre ; car les malades dans les hospices, les convalescents, les pauvres n'ont pas retrouvé jusqu'ici la charité, la bonté sur lesquelles ils pouvaient compter par le passé ; ils disent souvent : Béni soit l'Enfant de celle qui nous assistait, VIVE NAPOLÉON IV. Cette 4ᵉ légion écrit sur son étendard : HUMANITÉ.

Ceux qui furent soldats, nos enfants de troupe, conservent le souvenir de ce que l'Empereur fut pour eux.

Ils se rappellent ces campagnes glorieuses où l'Empereur a partagé leurs fatigues et leurs dangers ; ces revues passées par le Prince impérial, devenant le compagnon de nos enfants de troupe, sous la garde de nos vieux guerriers blanchis sous les drapeaux ; ils se souviennent qu'au milieu même des plaisirs de la cour, le soldat n'était jamais oublié.

Combien d'entre eux n'ont-ils pas eu leur part des produits des chasses impériales !

Ils savent que tant que l'Empereur a joui de tous ses pouvoirs, que tant qu'il a seul disposé des destinées de la France, il les a toujours menés à la gloire, aux succès, aux victoires, et que ce n'est que lorsque l'opposition a entravé sa marche, discuté ses actes, imposé des ministres et des chefs qu'ont commencé nos malheurs !

Ils savent que l'opposition a désorganisé la

majorité au point de faire refuser au pays d'équilibrer ses forces avec celles des puissances voisines. Ceux-là aussi crient : Vive Napoléon IV. Et ces nobles vaincus qui n'ont dû la vie qu'à ce grand acte d'abnégation de Napoléon III se constituant prisonnier, menacent de leurs poings fermés ceux qui se sont refusés, en 1866, à laisser décréter le service obligatoire ; et leur haine est profonde pour celui qui a dénié en séance publique, à cette même époque, que la Prusse eût 1,300,000 hommes d'effectif pouvant marcher contre notre pays et l'écraser.

La France, flattée par cet imposteur ambitieux et haineux, fut trompée, aveuglée, et ce démenti donné à notre grand Rouher, ce ministre sage et prévoyant, restera comme une tache honteuse sur ses cheveux blancs ; Dieu et l'histoire lui en demanderont compte. Déjà élevé au plus haut faîte du pouvoir, il en est descendu avec le mépris public et est aujourd'hui l'acolyte des ennemis de la société.

Ces héroïques soldats, ces enfants de troupe devenus orphelins par cette dernière guerre, disent avec raison : Si l'Empereur, si la France avaient eu les forces qu'on organise aujourd'hui, alors qu'on n'en a plus besoin!... nous n'aurions pas été vaincus ; mais Vive Napoléon IV, et l'on verra dès lors si la France, utilisant ses forces et ses ressources, n'est pas toujours ce qu'elle doit être, la première des nations! Ceux-ci se groupent, fourbissent leurs armes ; ils écrivent sur le drapeau de la 5e légion, qu'ils n'ont pas déshonoré : Espérance, et s'écrient : Vive la France ! Vive l'Empereur ! qui se perdait pour nous sauver.

Voici venir maintenant tous ces grands industriels, ces artistes, tous ces ouvriers d'objets d'art, de luxe, tous ces créateurs de grandes choses, dont le pinceau, le burin, le ciseau sont aujourd'hui inactifs, qui voient étouffer dans leur cerveau ces projets, ces inventions qui venaient y éclore et qui se disaient : Ceci

ne pourra être acheté que par l'Empereur !
cela sera digne de l'Impératrice !

Ils savent fort bien que ce n'est ni M. Thiers, ni M. Gambetta, ni tous ces députés radicaux, qui achèteront ces divers objets, produit de l'art luxueux. Ils murmurent tout bas : Pourquoi ne l'avons-nous plus ! Ils disent déjà : Rendez-le nous ; si ce n'est lui, que ce soit NAPOLÉON IV, et le bras nu, ils élèvent l'étendard de la 6ᵉ légion, sur lequel ils ont écrit : ARTS ET COMMERCE. — *A celui qui peut seul protéger nos travaux !*

Viennent maintenant tous ces employés des administrations qui ont dû à l'Empire les rouages administratifs si bien réglementés, et qui, depuis le 4 septembre, ont assisté à cette désorganisation sans nom.

Ils ont vu leur poste menacé par des intrus, des inconnus qui les supplantent sans passer par les filières qui donnent et l'expérience et la récompense due au mérite.

Ceux-là disent aussi : Revienne l'Empire, et

sûrement tout cela changera. Vive Napoléon IV ; il saura réparer les injustices commises, faire droit aux services rendus pendant ces vingt années dernières, et rendra à nos bureaux l'ordre, la sécurité et l'avancement légitime.

Ceux-ci écrivent sur le drapeau de la 7e légion : Organisation.

Mais voici venir ces bandes d'ouvriers qui jadis (il semble que c'est déjà bien loin de nous, tant ils ont souffert) se couchaient sans inquiétude pour le travail du lendemain, travail qui leur assurait le pain de leur famille, la vie matérielle de leurs femmes et de leurs enfants ; disons plus, qui leur permettait même un luxe relatif, et qui aujourd'hui sont sans travail, sans perspective d'en avoir. Ceux-là crient : Vive Napoléon IV, car il saurait reprendre ces grandes idées d'édilité, de salubrité qui ont créé tant de ressources au pays, qui ont valu tant de prospérité au commerce, à l'industrie, tout en rendant nos villes dignes de l'admiration du monde. Cette 8e légion, classe privilégiée dans les affections de l'Empereur, a écrit sur son drapeau : TRAVAIL.

Voici venir maintenant la 9ᵉ légion. Voyez là, ce sont tous les hommes dont le front est chauve, dont l'œil intelligent est voilé d'un sentiment de tristesse. Ce sont tous ceux qui par leur mérite avaient conquis de hauts postes, des fonctions publiques ; ce sont tous ceux qui s'étaient voués à leur pays, qui y avaient consacré leurs veilles et leur vie entière, et qui se sont trouvés renversés par les émeutiers du 4 septembre ; c'est tout ce clergé, ces congrégations qui, par amour pour Dieu, se sont consacrés à la consolation et à l'assistance de tous. Ils ont été assassinés, injuriés, accusés, calomniés par les gens du plus bas étage, salariés par des ambitieux de partis, par l'étranger, avec lequel ils ont fait alliance pour le renversement de l'Empire.

Tous ceux-là ont écrit sur l'étendard de la 9ᵉ légion : RÉHABILITATION, — et NAPOLÉON IV seul peut faire donner satisfaction à leur honneur si lâchement outragé.

Voyez ceux-ci, triste et sainte légion ; ils ont tous abandonné leur pays pour rester Franbais ; ils n'ont apporté avec eux que leur misère et leur sang, prêts à le verser pour la France, laissant aux mains de l'Allemagne envahissante la maison où ils sont nés, le sol où ils ont fait leurs premiers pas ; ils s'écrient aussi : Revienne un Napoléon, symbole de la revanche, pour qu'au moins, si nous mourons de faim sur le sol français, nous puissions à notre dernier soupir espérer dans l'avenir le châtiment pour cette nation qui, au mépris des lois de l'humanité, a converti la guerre, faite autrefois par la jeunesse d'un pays à la jeunesse d'un autre, sous les yeux et les conseils des vieux et des sages, en un massacre horrible de populations entières de tout âge, soulevées les unes contre les autres, enlevant ainsi les bras au commerce, à l'industrie, à l'agriculture, et sans considérer aucune des conséquences de disettes, de ruines que de pareilles guerres enfantent, annihilant d'un coup et sans réparation possible les ressources, les trésors qu'ils convertissent en fumée, en boulets qui ne contiennent aucun élément producteur et réparateur. VIVE NAPOLÉON IV ! et malheur à toi, Allemagne, pourvoyeuse de la mort, étoile de malheur !... le pardon ne peut t'être accordé qu'en échange de la restitution de nos chères provinces et de l'abandon de tes idées sauvages !

Cette 10e légion ranimerait le courage des autres si elles venaient à faiblir ; son étendard, sur lequel elle a écrit : REVANCHE ! serait soutenu par tous.

Et ces malheureux qui, pendant la guerre continuée sous le titre de guerre à outrance, ont souffert, de par le fait de ces dictateurs de rencontre, dans leur fortune, dans leur vie ; tous ceux qui ont perdu un des leurs soit par la faim, soit par le froid, conduits à l'ennemi sans armes, sans vivres, sans munitions, véritables troupeaux menés à la boucherie ; tous ceux qui ont versé leur sang, perdu leurs membres sur ces champs de bataille que ces potentats de hasard savaient fuir, parce qu'ils savaient la défaite certaine ; tous ceux qui doivent leur douleur à ces traîtres au pays, qui ont empêché la France d'être prête à la guerre ; à ces traîtres qui n'ont pas voulu, lorsqu'il était temps, que tout Français fût soldat ; à ces traîtres qui se sont élevés et ligués pour empêcher que quelques millions de plus par an fussent consacrés à mettre en état notre armement, nos forces, dépenses qui se balançaient par du travail donné au pays lui-même, par l'augmentation des grandes fonderies, des grandes manufactures d'armes, de munitions, etc.; traîtres qui, sous prétexte d'économiser quelques millions à la France, sont cause qu'il nous a fallu subir 15 milliards de pertes par l'effet de leur guerre *à outrance*, sans compter la honte de leurs défaites, dues à la folie furieuse de leurs chefs ; traîtres, qui n'ont voulu que placer l'Empire désarmé en présence de l'Allemagne, afin de le faire renverser; œuvre hypocrite que leur lâcheté leur défendait d'entreprendre eux-mêmes; traîtres qui ont délibéré le lendemain du 4 septembre et qui s'avouaient que la défense était un crime inutile, et qui l'ont commis pour se maintenir au pouvoir dont ils s'étaient emparés, quel que soit le nombre de victimes, parmi les enfants de la France, qui succomberaient dans cette lutte impossible. Toutes ces victimes, tous ceux qui les touchent, tous ces héros méconnus, sinon oubliés!.... tous ceux qui ont un des leurs couché sans sépulture; toute cette armée insultée, objet de lâches attaques journellement répétées, attaques qui vont jusqu'au crime commis la nuit, au détour d'une rue; tous ceux-là, dis-je, demandent qu'une main ferme reprenne les rênes du gouvernement et fasse justice; ils savent que Napoléon Ier a fondé notre code et pensent qu'il appartient seul à Napoléon IV d'en faire une équitable mais sévère application.

Ils ont écrit sur l'étendard de la 11e légion : Justice!

Enfin tous ceux qui ont vu les souffrances de la France entière; tous ceux qui ont assisté à ces siéges si héroïquement supportés; tous ceux qui ont souffert de la faim, de la misère; tous ceux qui ont vu piller cette fortune de la France qui est la nôtre; tous ceux qui ont vu les crimes commis pour imposer à notre pays un gouvernement qui lui a été odieux à toute époque; tous ceux qui ont vu cette chasse aux places; tous ceux qui ont frémi d'horreur à la vue de nos monuments en ruines, que des siècles avaient respectés!... à la destruction de ceux qui rappelaient des gloires nationales, héritage sacré de nos pères, où chacun de nous voyait une goutte de sang héroïquement répandue par un des membres de nos familles; tous ceux qui ont vu les débordements de la démagogie, la rage *populacière* faisant tomber sans pitié la tête des otages inoffensifs, sous les ordres de lâches assassins; tous ceux qui ont vu la propriété, ce résultat et ce moteur du travail, attaquée, volée, incendiée ; tous ceux qui ont compris toutes les lois d'exception qui ont été rendues en dehors du droit ; tous ceux qui se sont vu refuser l'indemnité due à leur ruine, alors qu'un autre recevait une indemnité d'un million pour sa demeure en plâtras et que d'autres revendiquaient à la France des millions qu'ils devaient partager avec des princes ou princesses étrangères, et alors que nos caisses étaient vidées ; tous ceux qui comprenaient que les pertes devaient être subies par tous, parce qu'enfants de la France, nous devons tous être frères et solidaires ; tous ceux qui comprennent que les révolutions successives par lesquelles nous avons passé n'ont été l'œuvre que de gens ambitieux qui se sont enrichis au détriment du peuple et ne sont arrivés qu'en amoncelant cadavres sur cadavres, en 93, 1830, 48, 70 ; tous ceux qui respectent la voix du peuple parce qu'elle est la voix de Dieu, et qui se sentaient attachés, rivés à l'Élu de huit millions de suffrages comme étant le seul représentant légitime de la France ; tous ceux qui se sont fait un devoir d'élever leurs enfants dans le respect de Celui qu'avait choisi le pays, tous ceux-là se réunissent ensemble et voudraient reconstruire votre trône, pour que, le glaive de la loi à la main, Votre Majesté puisse faire rendre gorge à ces lâches spoliateurs des deniers publics, enrichis d'hier au mépris de nos misères, de nos deuils ; pour que l'on puisse un jour voir ces révolutionnaires armés de calomnies, couverts de sang et de boue, d'accusateurs qu'ils se sont posés, retomber pardevant une chambre suprême, sur le banc des accusés, et venir rendre compte de leurs actes, de leurs crimes, afin que la société tout entière puisse voir ces prétendus héros, ces prétendus génies dépouillés de ces oripeaux dans lesquels ils se sont drapés pour faire jouer à la France, malgré ses sentiments, malgré sa volonté, un rôle qui la met au ban des nations. Que l'acte d'accusation fasse peser sur leur tête le crime d'avoir désarmé et livré la France en la rendant impuissante ; le crime d'avoir été cause ainsi de la défaite dont ils ont été les instigateurs ; le crime d'avoir renversé un pouvoir légitimement proclamé par nous tous, et celui d'avoir anéanti les relations extérieures de ce gouvernement avec le monde au moment où l'on en avait le plus besoin ; le crime d'avoir été la cause de nos misères, de nos captivités, de nos siéges, de nos désastres successifs, parce qu'en 1866 ils nous avaient empêché de faire nos armées, d'organiser nos forces ; le crime d'avoir chassé notre Souveraine, dont la présence, sans aucun doute, au milieu de Paris, entouré d'un cercle de fer et de feu, aurait été pour le pauvre, le malade, le blessé un ange de consolation ; qui, en tous cas, aurait excité le zèle militaire ; Elle aurait su utiliser nos 800,000 baïonnettes avec plus de succès et suivant un plan sans aucun doute meilleur que celui de ce général Trochu !...

Cette grande et 12ᵉ légion a écrit sur son drapeau : CHATIMENT! ce mot terrible pour beaucoup, mais principalement pour ces chefs qui ont entraîné, trompé la population, alors qu'elle était aigrie et déjà égarée par la douleur.

Cette 12e légion, Napoléon IV peut seul la commander, car lui seul représente le droit de juger et de condamner ceux qui ont trahi le pays et sa cause, ceux qui ont violé le vote de la France, ceux qui ont dilapidé et spolié les richesses que son Père avait accumulées dans nos murs.

Tous les autres chefs de partis ne peuvent que fermer les yeux sur les actes de ces criminels, par la raison toute simple que s'ils gravissaient les marches qui mènent au pouvoir, les portes leur en auraient été ouvertes par ces faiseurs d'hécatombes, ces politiques enrichis qui, sans remords et sans honte, se présentent à nous en étouffant la voix de la vérité.

Dieu ne voudra pas que plus longtemps nous soyons hors de la voie de la raison, du juste et de l'équité. Il permettra d'effacer cette maxime : La force prime le droit ; il empêchera qu'on n'écrive cette nouvelle : L'émeute mène à tout.

Ces douze légions napoléoniennes vous vaudront bien les douze légions romaines, et sous votre long règne réservé à la France elles vous serviront à conquérir l'affection des nations, à contracter des traités de commerce, des relations extérieures !...

Elles vous aideront encore à contenir dans le néant et l'impuissance ces hordes implacables qui, armées de l'athéisme, veulent faire triompher le génie du mal !

Choisissez les généraux, Sire, nous serons prêts à en être les soldats.

Puisse, Monseigneur, cette description des forces sur lesquelles vous pourrez vous appuyer, vous convaincre que la majorité de la France a conservé ses sentiments de fidélité.

Ne détournez pas vos yeux de ce pays qui fut

si cher à Napoléon Ier, à Napoléon II et à Napoléon III !

Dans ce monde, tout n'est qu'heur ou malheur.

Vos ancêtres, à leurs derniers moments, ont tous pleuré loin de la France, dont ils étaient exilés...

Dieu nous donnait ainsi la mesure de ce que leur cœur contenait d'amour pour elle. Cette source de larmes n'est pas intarissable...

Désormais, soyez en convaincu, Dieu le voudra ainsi. Filleul de Sa Sainteté le Pape, vous mourrez un jour sur le trône de France, et en même temps que montera votre âme vers le séjour éternel monteront aussi les acclamations de : Vive votre Fils ! Alors la France sera riche et prospère, car un long règne, qui aura commencé avec votre jeunesse, lui aura permis de réparer toutes ses ruines et tous ses désastres.

Que Votre Altesse daigne recevoir l'expression de nos sentiments de fidélité, de respect et de dévouement, qui se sont transmis dans notre famille de père en fils, et veuillez nous donner l'autorisation d'être comptés parmi les abeilles qui travailleront à ce grand ouvrage.

PARIS. — IMPRIMERIE A. DUTEMPLE, 7, RUE DES CANETTES.

www.ingramcontent.com/pod-product-compliance
Lightning Source LLC
Chambersburg PA
CBHW060719050426
42451CB00010B/1529